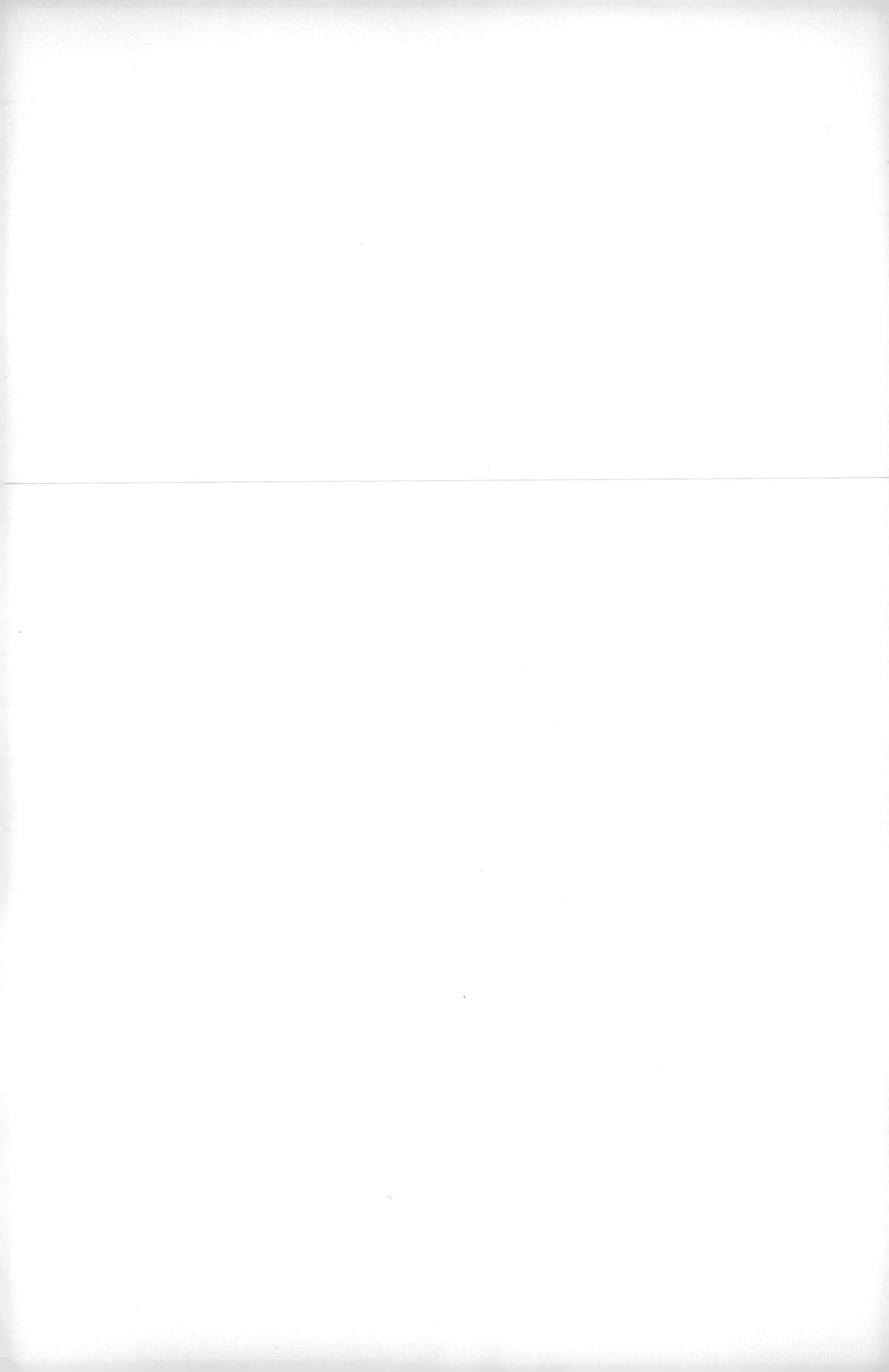

大學的故事

劉瑛　著

前言

大學是什麼樣的一本書？

《大學》原是《禮記》四十九篇中的第四十二篇。在宋代之前，沒有《大學》一書。北宋時，創立道學（也稱理學）的祖師爺程顥（字伯淳，人稱明道先生）和程頤（字正叔，人稱伊川先生）兩兄弟，自《禮記》中把《大學》這一篇書分出來，稱《大學》。又把《禮記》中第三十一篇書分出來，稱《中庸》。放在《論語》與《孟子》一起，號稱四書。宋室南渡之後，新安朱熹，他是道學之集大成者，在宋孝宗淳熙年間，編撰《大學章句》與《中庸章句》，和《論語》、《孟子集註》並行。至宋寧宗朝，四書之目始定。

何謂「道學」？《宋史》卷四百二十七《道學列傳》中說：「三代（指夏、商、周）盛時，天子以是道為政教。大臣、百官、有司以是道為職業。黨、庠、術、序師弟子以是道為講習。四方百姓日用是道而不知。是故盈覆載之間（充滿天地之間）。無一民一物不被是道之澤，以遂其性。于斯時也，道學之名，何自而立哉。」

我們之所以引述這一段話，因為，我們認為：這一段話對我們解說「《大學》之道」，有所裨助。

我們讀《唐書》《藝文志》，其中只列有研究《禮記》的著作。沒有一卷研究《大學》或《中庸》的書。到了宋朝，程氏昆仲把《大學》和《中庸》兩篇從《禮記》中分出來獨立成書之後，也就有了專門研究《大學》和

《中庸》的書。我們今將《宋史》《藝文志》中所列研究大學的著作和作者列表於後：

喻樗　大學解一卷

陳堯道　大學說十一卷

呂大臨　大學一卷

真德秀　大學衍義四十三卷

張九成　大學說一卷

司馬光　中庸大學廣義一卷

司馬光等六家　中庸大學講義一卷

另陳振孫直齋書錄解題中尚列有

朱熹　大學章句一卷

或問二卷

程氏昆仲和朱熹為什麼大力推介《大學》這本書呢？

一般《大學》讀本開頭都有「子程子曰」一段介紹大學的話。程子說：

大學、孔氏之遺書，而初學入德之門也。於今可見古人為學次第者，獨賴此篇之存。而論、孟次之。學者必由是而學焉，則庶子其不差矣。

二程和朱子，他們認定：《大學》是孔夫子留下來的遺訓。它是初學者入德之門。也是教誡初學者如何一步一步的學習作人作事的指南。學者能依照本書的指示按部就班的修身、晉德、格物、致知，那便算是走對路了。

為什麼要把本書稱為大學呢？

《大學》本是《禮記》中的篇名。《禮記大學疏》引鄭玄的話說：「名曰大學者，以其記博學，可以為政也。此大學之篇，論學成之事，能治其國，章明其德於天下。卻本明德所由，先從誠意為始。」

朱熹《大學章句》序文中說：「（古時）人生八歲，自王公以下，至于庶人之子弟，皆入小學。而教之以應對進退之節，和禮、樂、射、御、書、數之文。及其十有五年，則自天子之元子、眾子、以至公卿大夫元士之適子，與凡民之俊秀，皆入太學。而教之以窮理、正心修己、治人之道。此又學校之教，大小之節所以分。」小學是童子之學。大學為成人之學。《大學》一書，古來太學中所教。太大相通，故稱《大學》。這是第一個理由。

其次，《大學》者，大人之學。《論語》中載：樊遲要學稼（種田），孔子說他：「小人哉，樊遲！」《論語》中又載：「子路言必行，行必果。」孔子罵他：「硜硜然小人哉！」硜硜、卑賤貌。所謂小人：「私其我于一己者也。」大人者：「擴其我以善群者也。」

大學之道，從修身開始到天下平。明明德不但要自明，而且要使天下之人皆明。陳澧《東塾讀書記》中說：

朱子《大學章句》：「明德者，人之所得乎天，而虛靈不昧。」《朱子語類》則云：「光明正大者，謂之明德（卷十四）。」又云：「明明德於天下者，使天下之人，皆有以明其明德。」……明明德于天下，即平天下也……與民同好惡，而不專其利，乃是明其光明正大之德於天下也。

此其所以為大人之學。

第三，《白虎通・辟雍篇》中說：儒家的大學之道，是讀書人最高的鵠的。譬如：「成佛」是佛教修行的最高鵠的。「佛」、或者「佛陀」，華語的意思是「覺」。它有三層意義：一是自覺，悟性真常，了惑虛妄。二是覺他，運無緣慈，度有情界。三是覺行圓滿。窮原極底，行滿果圓。（《翻譯名義集・十種通號第一》）錢基博說：「在明明德者，自覺也。在親民者，覺他也，在止於至善者，覺行圓滿也。（《四書解題及其讀法大學》第一）」

《大學》是誰著的？

《大學》是誰撰寫的？錢基博《四書解題及其讀法》一書中說：「東漢時，已不得作者姓名。」毛奇齡《四書改錯》中說：「鄭氏禮註、孔鮒《孔叢子》。」並云：「《大學》，《中庸》皆子思所作。此或可據。今檢兩書不得，未識何本！」朱熹所撰《大學章句》共十一章。第一章是經。其餘十章為傳。朱熹認為：「經一章，蓋孔子之言，而曾子述之。其傳十章，則曾子之意，而門人記之也。」他答林擇之書中說：「傳中引曾子曰，知曾氏門人成之。」說得頗有道理。

《大學》有幾個版本？

毛奇齡撰《大學證文》四卷，攷證大學共有十個不同的版本。第一為《禮記註疏本・大學篇》。次為《漢熹平石經本》。有錄無書。三為《魏正始石經本》，實際上係明代鄞縣人豐坊道生所依託者。次為《明道程子改本》。次為《伊川程子改本》。次為《朱子改本》。皆錄全文。次為《王柏改定本》。《次為季本改本》。次為《高攀龍改本》。即《崔銑改本》，次為《葛寅亮改本》。皆僅列其異同之處，而不錄全文。

宋以前，註疏本最為流行。宋以後，由於改本太多，學者多以朱熹本為準。朱熹撰《大學章句》，折衷註疏本與程顥定本。中華書局《辭海》於《大學》條下註說：「《大學》凡有三本。古本大學，其間節次稍有不相承者。蓋古人文法疏，辭或不屬，而意實可通。石經大學，節次不及古本。且中闖入（《論語》）顏淵問仁、至非禮勿動句，疑好事者為之。」三是二程定本，伊川序次，朱熹彙為經一章，傳十章，我們所研究的大學，便是朱熹集註本。

為什麼要讀大學？

前幾天電視新聞報導：三名國中一年級小男生，結伴到市立游泳池游泳。其中一名同學，才下水，雙腳抽筋，痛苦不堪，差點溺水。尚幸救生員眼明手快，把這位小男生救上岸，經過急救後，總算沒事，救生員問：「你們三人下水前有沒有先作一點暖身運動？」三個都說：「沒有」。救生員說：「作任何激烈運動之前，都要先活動活動手腳。作幾分鐘的暖身運動，不依規矩胡來，出事的機率非常高！」

運動如此，讀書、修德，又何嘗不如此？走路還沒學好先跑步，準出問題。筆者讀大學政治系二年級時，想選修會計。教會計的教授問我：「有沒有讀過高等數學？」我說：「沒有。」教授說：「沒讀過高等數學如何讀會計？沒有先修生理學、解剖學的學生能修內科學、外科學嗎？」

學生若要修身、晉德，大學是必須的先修課程。因為、大學會教導我們要如何一步一步前進，要如何「知所先後」，要如何避免「本末倒置」。先讀大學再進修，便可避免「才下水游泳便發生抽筋的事故」。

至於古時為何將大學、中庸編在禮記中，我們讀陳澧所撰東塾讀書記，覺得他的解說很有道理。他說：

> 《中庸》、《大學》，後世所謂理學。古人則入于《禮記》者，《仲尼燕居》云：子曰：「禮也者，理也。」《樂記》云：「禮者，理之不可易者也。」故理學即禮學也。

說得很有道理。所以，古人將此兩章書放在禮記中。

朱子將大學分為一經十傳，後世也有人訾議。陳澧為之解說曰：（詩經）〈豳風〉七月首章（共八章），鄭箋云：「此章陳人以衣食為急，餘章廣而成之。」然則古人之文，有以餘章廣成首章之意者。若朱子但于首章之下云：「餘章廣而成之。」而不分經傳，則後人不能訾議矣。

劉瑛

民國一百年七月寫于

紅樹林尚海山房

目次

經一　大學之道

本文

大學之道①，在明明德②，在親民③，在止於至善④。知止而後有定⑤，定而後能靜⑥，靜而後能安⑦，安而後能慮，慮而後能得。

物有本末⑧，事有終始。知所先後，則近道矣。

古之欲明明德於天下者⑨，先治其國，欲治其國者，先齊其家。欲齊其家者，先修其身。欲修其身者，先正其心。欲正其心者，先誠其意。欲誠其意者，先致其知。致知在格物。

物格而後知至。知至而後意誠。意誠而後心正。心正而後身修。身修而後家齊。家齊而後國治。國治而後天下平。

自天子至于庶人⑩，壹是⑪皆以修身為本。其本亂而未治者，否矣。其所厚者薄，而其所薄者厚，未之有也。

譯文

大學中所說的道理，在於發揚正人光明的德性。在使人民同樣革新從善，達到最完美的境界。

（人的行為過程可分為內外兩大部分，內部過程，首要有願望，或慾望。其次考慮此一願望之可否得到滿足，再次為選擇一個實現此願望、或滿足此慾望的方法。最後下決定實行這個方法。全部程序，依次為願望、考慮、選擇和決心。）

知道了願望，即目的在止於至善，才能堅定意志。意志堅定了，才能甯靜不躁。甯靜不躁才能對事情作全盤考慮、全盤考慮後便能得到正確的決定。

任何物、都有根本、有枝末。任何事，都有開始，有終結。知道事物的那兒是本，那兒是末，那兒在先，那兒在後，那就接近了我們大學中所說的大道理了。

古來要將光明正大的道德發揚於全天下的人，必先治理好他的國家。要治理好他的國家，必先整齊他的家庭。要整齊家庭，先要修養自己的品德。要修養品德，必先端正自己的心思。要端正心思，必先使自己的意念真誠。要使意念真誠，必先充實自己的知識。充實知識，從窮究物理著手。

窮究物理才能充實知識。充實知識才能意念真誠。意念真誠才能端正思想。端正思想才能修養品德。品德修養好了才能整齊家庭。家庭整齊好了，才能治國。邦國治理好了才能平天下。

從天子到庶民，人人都要以修養品德為根本。

品德不修，根本亂了，而能治理好枝末，那是不可能的。

註解與分析

① 大學之道——

《大學》一書所指示的原則。朱熹認為：「『道』是日用物當行的理。」道也可以解釋為法則、作法、途徑。甚至涵蓋一整個的思想體系。

② 在明明德——

第一個「明」是動詞，意為弄明白，搞清楚。第二個「明」是形容詞。明德，善良的德性、最高的德性。古人論人性，孔夫子說：「性相近也。」只說人性都是很接近的，孟子主張性善。荀子主張性惡。或主張人性有善、有不善；人性原本善惡俱具。但不論性善性惡，明明德是在發揚好的德性，也就是善的德性。和各家主張都不發生衝突。

朱子《大學章句》云：「明德者，人之所得乎天，而虛靈不昧。」《朱子語類》卷十四中，朱子說：「光明正大者，謂之明德。」《大學章句》中，朱子謂：「傳之十章，釋治國平天下。此章之意，務在與民同好惡，而不專其利。」陳灃因說：「與民同好惡而不專其利，乃是明其光明正大之德于天下也。」（《東塾讀書記》卷九〈禮記〉）

陳氏的解釋，我們深表同意。

③ 在親民——

親在此讀「新」，是動詞。新民，即是孔子所說的「夫仁者，己欲立而立人。己欲達而達人。」（《雍也》）自己把好的德性弄清楚了，加以發揚，也要使他人革新去惡，明德從善。

④ 在止于至善——達到最完美的境界。

⑤ 知止而後有定——

知道了標的所在，然後才能堅定不移。譬如：我們航船，由基隆向南去高雄，有了目的，掌舵者便知如何行船。一路向南，既不會偏東，也不會歪西。

⑥ 定而後靜——

譬如和尚，和尚修行，目的在成佛。途徑是參禪。當他打坐冥思之時，他當然不可以心猿意馬。這時他才能心靜如止水。

⑦ 靜而後能安，安而後能慮，慮而後能得——

心既然靜了，也就是說，全身放鬆，整個身體都好像沒有重量了。我們讀《列子》：「列子御風而行，冷然善也。」韋蘇州詩：「神歡體自輕，意欲凌風翔。」都是說明他們已到達了安的境界。靜是指心，安是指神。說白話一點，神便是精神、靈魂。神安了，而後能沒有任何雜念，思慮事情。由思慮中，得到結論。朱熹所編《近思錄》中，引程伊川的話說：「欲知得與不得，於心氣上驗之，思慮有得，中心悅豫。沛然有裕者，實也。思慮有得，心氣勞耗者，實未得也。強揣度耳。」解說得真好。

⑧ 物有本末，事有始終，知所先後，則近道矣——

任何一個東西，都有本末。譬如樹：根是本，葉是末。剪掉一些樹葉，對樹並無大碍。砍去樹根，整個樹便枯死了。任何一件事情，都有開始與終結。人生下來是開始。老死了，是終結。我們立身處世，對於物的本末，事的先後，必須弄得清清楚楚，才算接近「道」、接近「禮」、接近「理」。筆者初進外交部禮賓司工作時，司中有一位科員同事，平常便十分靦腆，見人說不出話來。英文程度不錯，見了洋鬼子，便噤若寒蟬。司長對他很不滿意，曾罵他：「你見人不說話，如何辦外交、交涉事情？」經常在不同的場合訓練他開口說話。有一天，司長邀宴當時美國、法國和日本駐華大使館的秘書級外交官午餐，要這位科員陪客。而且交待這位科員：「今天若不開口說話，今年考績一定給你不及格。」這位科員慌了，找我「討教」。我對他說：「通常宴客，男女雜處，在你左右的一定都是女生，你可以跟她們聊天氣呀、時裝呀，甚至家常呀。你可以問她們：什麼時候來台北的呀？有沒有結婚呀？有幾個孩子之類。」此公唯唯稱是，似懂非懂。中午宴會時，他左邊是一位法國女士，右手是一位美國女士，年紀大約都在二十幾、不到三十之間。第一道菜大拼盤上來，司長向他打了個眼色。他知道：今天不說話是不行了。他一面替左面的小姐挾菜，一面搭訕著問：「小姐，妳結了婚吧？一個人來臺灣嗎？」小姐說：「沒有結婚，一個人在臺灣。」然後，他便閉上了嘴。這時，大家都在談論雙語學校、雙語幼稚園的問題。他右面的美國小姐說：她的女兒該上幼稚園了，不知要上那一家好。於是這位科員突然問她：「小姐，您有幾個孩子？」那位老美說：「第一個。」而後，酒過三巡了，這位科員沒再開口。司長連連對他使眼色，使他心慌意亂。他隨即掉頭向法國小姐問：「那您有幾個孩子？」那位法國小姐瞪他一眼，不予回答。這使他更心慌。司長已發現他鬧了笑話，也瞪了他一眼。他為了要掩飾自己的慌亂，於是他問右手的美國小姐：「您結了婚嗎？」那位美國小姐狠狠的瞪了他一眼，也不答理！

原來，這位科員之所以鬧笑話，便是他本末倒置，不知先後！沒結婚，怎麼問人家有沒有孩子？有了孩子，怎麼問人家有沒有結婚。所以說：不知先後，鬧笑話矣！

⑨

古之欲明明德於天下者，先治其國。欲治其國者，先齊其家，欲齊其家者，先修其身。欲修其身者，先正其心。欲正其心者，先誠其意。欲誠其意者，先致其知。致知在格物——

《近思錄》引程伊川的話說：「凡一物上有一理。須是窮致其理。窮理亦多端：或讀書講明義理，或論古今人物別其是非。或應接事物而處其當。皆窮理也。」又說：「（所謂格物）須是今日格一件，明日又格一件，積習既多，然後脫然自有貫通處。」又說：「讀史須見聖賢所存治亂之機，賢人出處進退，便是格物。」還說：「先生（指周敦頤）每讀史到一半，便掩卷、思量、料其成敗。然後卻看。有不合處，又更精思。其間多有幸而成、不幸而敗。今人只見成者便以為是，敗者便以為非。不知成者煞有不是，敗者煞有是處。」這便是道學家解說的格物、及如何格物。讀者如有興趣，可參讀朱熹所編《近思錄》卷三〈致知〉。

格物，然後能致知，知之至，然後有以行之。知致，然後心通乎道。心通乎道，然後能辨是非。能辨是非，才知道虔誠個人的心願。端正自己的心志，以達到修身的目的。個人修身完成，再以己立而立人，已達而達人的方式，整齊其家族，以家族為榜樣，使家家整齊，終使全國治、天下平。

天下之人，無不身修德明了。這步驟是不能亂的。伊川說：「未致知便欲誠意，是躐等也。勉強行者，安能持久。」

⑩ 自天子以至于庶人，壹是皆以修身為本。其本亂，而末治者，否矣。其所厚者薄，其所薄者厚，未之有也——

自天子、諸侯、士大夫乃至於庶人，都是要以修身為本。我們常說：「上行下效。」州官可以放火，庶人連燈都不可以點，怎麼能行。孔夫子說：「其身正，不令而行。其身不正，雖令不從。」（子路篇）一國的國君若荒淫無道，結果當然是民不聊生。像殷紂王，雖然有賢臣，不是被他殺掉，便是被流放遠地，終於亡了國。譬如我們築堤，基礎沒打好，上層再築得結實，洪水一到，定必沖垮。所以，埔里一間三層樓、沒有打基礎的旅社，被洪水將全棟樓沖下河裡。該注意的地方不注意，不該注意的地方注意，那是沒有的事！

⑪ 壹是——都是。

傳一　釋明德、新民、止善、知本

本文

〈康誥〉曰①：「克明德。」

〈大甲〉曰②：「顧諟天之明命。」

〈帝典〉曰③：「克明峻德。」皆自明也。④

譯文

《尚書・康誥》上說：「能夠有正大光明的德性。」《尚書・商書》〈大甲篇〉中說：「要顧念上天所賦予我的美好的命。」《尚書・虞夏書》〈堯典〉中說：「能夠發揚光明正大的德性。」這些都是強調（個人）要明悟明德。

註解與分析

①〈康誥〉曰：「克明德。」——

〈康誥〉，《尚書・周書》中的篇名，周公封康叔時所作的文誥，故曰康誥。「克」是「能夠」的意思。克明德、能夠具有好的品德。（屈萬里譯為「能夠公明地施人恩惠」見《尚書今註今譯》。）

②〈大甲〉曰：「顧諟天之明命。」——

〈大甲〉是《尚書・商書》中的一篇，伊尹告誡大甲說：「要顧念此上天的美好的賦與。」顧是思念。諟、此也。天之明命、上天所賦與的明德。

③〈帝典〉曰：「克明峻德。」——

《尚書・虞夏書》中的一篇。克明峻德、能夠明白高尚的道德。

④皆自明也——

都是要從自己起深懷大學之道之在於明明德。

傳二 釋新民的道理

「啊，黃鳥都知道他所應棲止的地方，難道人可以不如鳥嗎？」

《詩經・大雅》文王篇中說：「莊嚴肅穆的文王呀，您承先啟後，光大調和人民為立場。」作國君的，要以仁為立場。作臣子的，以敬為立場。為人子者，以孝為立場。為人父母的，以慈愛為立場。與同胞相交往，以信為立場。

《詩經》上又說，觀看淇水岸邊的綠竹，美麗、茂盛、那位文采君子，像玉工用種種方法——切、磋、琢、磨、雕琢玉器一樣，（修身晉德），（乃能表現出）莊重而威嚴的儀容舉止。顯赫碩壯，那位文采斐然的君子，使人永遠也忘不了。用刀鋸治骨角切了再磋，是他求學的功夫。治玉石琢開再磨，是他修德的功夫。嚴密和謹慎，是他戒慎恐懼。剛正和不苟，是他的威儀風度。所以人民難以忘卻。詩云：「從前的文王、武王，讓人不能遺忘。君子以對待賢人的方式對待賢人。以對待親族的方式對待親族。前王和平民同享快樂，且讓他們獲得利益。所以，他們雖然已經不在了，後代還是不會忘記他們。」

註解與分析

① 邦畿千里，惟民所止——

出自《詩經‧商頌》之〈玄鳥篇〉：「大王的土地，所轄千里，乃是大王的人民所居住的地方。」大王，是稱殷王高宗。

② 緡蠻黃鳥，止于丘隅——

出自《詩經‧小雅》〈都人士之什‧緜蠻〉篇：緜蠻、文采縟密的樣子。止息在小山的一隅。

③ 子曰三句——

孔夫子說：止息呀！黃鳥都知道要棲息在什麼地方。豈可人不如小鳥。

④ 詩云：穆穆文王，於緝熙敬止——

《詩經．大雅》〈文王〉：穆穆、美也。威儀多貌。穆穆，馬持盈認為是勉勉或勿勿，奮勉之意。我們認為是莊嚴肅穆之意。於、音烏，去聲。感歎詞。緝——明、和。熙——廣、光。大多學者認為「止」是助詞，但這章書正是以「止」為主，此處似乎不是助詞，而是與「惟民所止」、「知其所止」的止同義。我們解釋這句詩：承先啓後，光大調和人民為立場。

（實在有點拖泥帶水，但，大概就是那個意思。）

⑤ 為人君十句——

作國君的，以仁為立場。作臣子的，以敬為立場。為人子者，以孝為立場。為人父母的，以慈為立場。與同胞相交往，以信為立場。立場似乎也可以說成「本位」。

⑥ 詩云九句——

見《詩經·衛風·淇奧》。奧、水涯彎曲的地方。河岸的內側。猗猗，美麗茂盛的樣子。猗音一。有斐君子，斐，斐然有文采。有文采的君子。切磋琢磨，玉石工匠治玉的種種手法：用刀切，用銼刀錯治，用鑿子雕琢，用粗石磨使光亮。瑟兮，矜持莊重的樣子。僩，威嚴的樣子。赫兮喧兮，顯赫豐盛的樣子。諼，音宣，忘記。

全文意思：觀看淇水岸邊的綠竹，美麗茂盛。那位文采君子，像玉工用種種方式——切、磋、琢、磨、雕琢玉器一樣，（修身晉德）（乃能表現出）莊重而威嚴的儀容舉止。顯赫碩壯。那位文采斐然的君子，使人永遠也忘不了。

⑦ 恂慄——

言其容貌嚴栗，令人有敬懼之感。

⑧ 前王不忘——

前王的德行，我們應當永遠不忘。按：這句話出自《詩經·周頌·烈文篇》，是在宗廟祭典中、慰勞助祭各諸侯的詩。前王，可能是指武王，或文王，或以前諸王。於戲、嗚呼，感歎詞。

⑨ 君子賢其賢二句——

君子（此處指前王）尊敬賢人而親愛其親族。前一賢字、親字都是動詞。意思是「以對待賢人的方式對待（賢人）」，「以對待親人的方式對待親族」。小人也能享受快樂，獲取利益。因此是後世永不能遺忘前王的理由。小人樂其樂、利其利句：前一樂字、前一利字，均係動詞。

本章書後，我們舉兩個人與人相處應以信為立場的例：

（齊桓公）五年，伐魯。魯國打敗了，魯莊公請求割遂邑予齊以求和。於是齊桓公和魯莊公在柯地方會談。正在兩國君主要簽盟約時，魯國的曹沫突然用匕首劫持桓公，要桓公答應將兩國交戰時，齊國所奪得的魯國領土歸還魯國。桓公在匕首脅迫之下不得不同意。之後，曹沫收起匕首，退回原位。其後，桓公後悔，不擬退還所佔魯國土地，而且要殺曹沫。管仲向桓公建言說：「他劫持時既已許諾，今若背信而且誅殺曹沫，雖是小小發洩了一下心中的不快，卻對諸侯背信，失去天下的支持，實不相宜。」齊侯於是如約將三次打敗魯國所獲土地還給曹沫。諸侯知道這件事後，都相信齊國，「爭欲附焉」。兩年之後，諸侯會桓公於甄。桓公終於成了霸主。九合諸侯，一匡天下。（《史記》．卷三十二〈齊太公世家〉）

古時如此，我們再舉一個現代的例證：

統一每年與農民訂約，以保證價格收購其所生產的蕃茄。有一年，世界各國蕃茄產量過剩，價格重挫。甚至低于生產成本。在這種背景下，不少國內食品業者，為了避免虧損，寧可背信，也無意履行與農民所訂的合約，收購蕃茄。我們則堅持誠信原則，按契約的價格，一一收購。

那一年，我們公司的財務，增加了不少負擔。……不過，世事難料。一年後，由於世界各國蕃茄產量銳減，行情節節上漲。統一這些庫存的蕃茄糊，反到成了市場的奇貨。（趙弘著，《高清愿咖啡時間》二、三頁）

高清愿先生所經營的統一企業，是國內大企業之一。統一之能成功，和他們的守信不能說沒有關係。

傳四　釋本末

本文

子曰：「聽訟，吾猶人也；必也使無訟乎？①」無情者不得盡其辭，大畏民志②：此謂知本。③

譯文

孔夫子說：「審判一般民事爭執，我的能力和別人也沒兩樣。最好是不要有訟案發生。」要使那些隱瞞真情的人，不得用花言巧語，要他們畏懼眾人的心志。這是認識根本的道理。

註解與分析

① 子曰：「聽訟，吾猶人也。必也使無訟乎！」——見《論語・顏淵篇》，請注意，我們常說：「獄訟不興。」獄是刑事案件。訟是民事案件。孔夫子的意思是：聽訟、裁判民事案件，我和別人也沒有什麼不一樣。這都是「治其末」。我們要使「獄訟不興」，完全沒有爭端。這才是正其本，清其源。這也是從「物有本末，事有始終」的觀點來評斷。

《後漢書》卷八十一王列傳載：王烈，字彥方，以義引稱。鄉里有爭執，常請王烈調解。村里中有一人偷牛，被牛主人抓到，偷牛賊對牛主說：「我甘願受刑戮，但請不要讓王烈先生知道。」王烈聽到了，派人送給偷牛賊一匹布，要他學好。鄰人問起。王烈說：「此人偷牛，怕我知道。顯示他有羞恥之心。若予鼓勵，必能向善。」後有老人遺失一包珍貴的東西，回頭去找，有人拿了他的那包東西坐在路邊等失主。老人很為感動。問起姓名，那人正是原先的偷牛賊。因為王烈的感化而向善。後來，村里人有爭執者，都向王烈評曲直。更後，爭執的兩造遠遠看見王烈的住屋，便互相讓步，結束爭端。正是孔子所說的，「必也使無訟乎。」（參閱劉瑛著《論語的故事》）

②無情者三句——

無情者，在此作「不把實情說出來的人」。不得花言巧語，大說一通。大畏民志，大大的害怕衆人的心志。

③此謂知本——

這就是認識根本的道理。

傳五　釋致知在格物

①

本文

「所謂致知在格物者，言欲致吾之知，在即物而窮其理也。②蓋人心之靈，莫不有知，而天下之物，莫不有理；③惟於理有未窮，故其知有不盡也。④是以大學始教，必使學者即凡天下之物，莫不因其已知之理而益窮之，以求至乎其極。⑤至于用力之久，而一旦豁然貫通焉，則衆物之表裏精粗無不到，而吾心之全體大用無不明矣。⑥此謂物格，此謂知之至也。⑦」

譯文

所謂致知在格物，是說：要增廣知識，在于接觸到物、事，深究其理、性。

人心靈巧，都有致知的能力。天下的物事，都存在理性。我們若對物事的理性未能完全弄明白，那我們的知也就仍有不盡之處。

是以大學開始教人，凡天下的物事，就其已知的理、性，再予深究，達到極致，直到用力已久，有一天便會豁然貫通。各種物事的內涵、外表，精緻、粗糙，全注意到。我們的心的全體大用上，便無不洞悉明白了。

這就是格物，認識物事到了極至的程度。

註解與分析

① 這一章不是大學中原有的。是朱子（熹）根據他的老師程子意思而補撰的。

② 所謂三句——
所謂致知，即認識明確，在於格物，即精研物理，要使自己確切增長知識，在於接觸到物、事、而深究其性、理。

③ 蓋人心四句——
人心靈巧，都有致知的能力。天下物事，都存在理性。

④ 理有未窮，知有不盡——
我們若對物事的理未完全弄明白，那我們的知也就仍有不盡之處。

⑤ 是以四句——

是以大學開始教人，凡天下的物事，就其已知的理、性，再予深究，達到極致。

⑥ 至于四句——

一直到用力已久，研究益勤，有一天便會豁然貫通。各種物事的內涵外表、精緻粗糙，全注意到。我們的心的全體大用上，無不洞悉明白了。

⑦ 此謂物格，此謂物之至也——

這就是格物，認識物事到極至的程度。格、至也。

傳六　釋君子必誠其意

本文

所謂「誠其意」者，毋自欺也。①如惡惡臭，如好好色，此之謂自謙。故君子必慎其獨也。②

小人閒居為不善，無所不至；見君子而后厭然，揜其不善而著其善；人之視己，如見其肺肝然。則何益矣？③此謂誠於中，形於外。故君子必慎其獨也。④

曾子曰：「十目所視，十手所指，其嚴乎！⑤」富潤屋；德潤身，心廣體胖。故君子必誠其意。⑥

譯文

所謂真心誠意，就是自己不要欺騙自己。好像討厭惡臭的氣味。好像喜歡美好的女色。這是心安理得的。所以君子要特別在獨處之時謹慎（因為獨處時容易發生自欺的行為）。

小人閒居獨處，無所事事，便會百般百樣、無所不至的作壞事、看到了大人先生，不免躲躲閃閃，侷促不安，掩飾他的壞，裝著做過善事的樣子。但別人看到他，好像連他的肝、肺都看得見。他再怎麼掩飾也沒有用。這就是所謂：中心既誠，便表現在外面。所以，君子在獨處時要特別謹慎。

曾子說：「（不要以為人不知道。）隨時都有許多眼睛在盯著你。有許多手指指著你。很嚴厲吧！」

有錢的人裝修房屋，有德的人修飾自身。心胸廣大，身體自然健康。所以，君子必須真誠為懷。

註解與分析

① 誠其意者，毋自欺也——

真心誠意，不要自己欺騙自己。

宋代宰相范純仁說：「人雖至愚，責人則明。雖有聰明，恕己則昏。」（見《宋史范仲淹傳附范純仁傳》），「恕己則昏」，便是自欺。唐初李瑗封盧江王，不道。他見人妻美，殺其夫而取其妻為妾。後來李瑗造反被誅，唐太宗竟把李瑗的侍妾也就是這位大美人召進宮為「美人」（官名，如武則天之為「才人」）。太宗要王珪陪他吃午飯，令這位美人伺候。太宗提起李瑗殺人夫事。王珪曰：「從前楚滅郭國。楚王巡視郭，問郭父老，『你們的君主是何等樣人？』父老們說：『他善善惡惡。』『那是好君主呀！如何會亡國？』父老們說：『因為他善善而不能用，惡惡而不能去。』今陛下誅殺李瑗，卻取此美人，是不是知惡而不去呢？」（見《貞觀政要》卷二）

范純仁，他就是范仲淹的兒子，說「恕己則昏」，像唐太宗那樣，便是「恕己則昏」。所以說：「誠其意者，毋自欺也。」

② 如惡惡臭，如好好色——

前一個惡，讀「務」，去聲，動詞，討厭也。前一個好，音「皓」，去聲、動詞，喜歡之意，一個人討厭惡臭味，喜歡美麗的女色，這是心安理得的。是以君子要特別注重、謹慎、當只有自己一個人獨處的時候。（因為此時最容易自欺！）

③ 小人閒居八句——

小人獨處，無所事事，便百般百樣，無所不至的作壞事。看到了大人先生，不免躲躲閃閃，侷促不安。掩飾（揜）他的壞！表現他善的一面。但別人看到他，好像連他肝、肺都看得見。再怎麼做作，也沒有用！

④ 誠于中三句——

這就是所謂，中心既誠，便表現在外面。所以，君子必須注意他獨處的時候。

⑤ 曾子曰三句——

曾子說：「（不要以為人不知道），隨時都有許多眼睛（十目）在盯著你，有許多手指（十手）在指著你。很嚴厲吧？」列子中有一個故事：

話說從前齊國有一個青年人，一心一意想得到黃金。有一天，他一早起床，梳洗完畢，穿著整齊之後，一路走到市場中去找黃金。來到市場的中央，他看到一家金子店，櫥窗中擺了許多各式各樣的黃金飾物。於是他大搖大擺的走進金子店，拿了一大堆金子，回頭便走。

但是，他沒走出店門幾步便被逮住。送交官府。

官吏問他：「金子店裡有那麼些人，你的膽子可真不小，竟敢當著那麼些人面前偷金子！」

那位齊人說：「我拿金子的時候，只看到金子，可沒看見人。」

有人偷竊，有人通姦，有人貪污，有人受賄。當他們作那些不善的勾當時，他們也只看到自己，沒見到旁人。他們不知道，在他們的旁邊，正有許多眼睛盯著，許多手指指著呢！

⑥　富潤屋四句——

有錢的人裝修房屋，有德的人修飾自身。心胸廣大，身體自然健康。所以，君子必須真誠為懷。

傳七　釋修身在正其心

本文

所謂「修身在正其心」者，身有所忿懥，則不得其正；有所恐懼，則不得其正；有所好樂，則不得其正；有所憂患，則不得其正。①

心不在焉：視而不見，聽而不聞，食而不知其味。②

此謂「修身在正其心」。

譯文

所謂要修身晉德，必要心正，才能做出正確、公平的判斷。一個人若心有忿怒，受到恐懼的威脅，有所喜好，有所憂傷，都影響到心的「正」。

一個人的心（若被別的事物或情感所佔據了），而不在你所應注意的物事上，你便會看、卻看不見。聽、卻聽不到。吃、也辨不出味來。所以說：修身必先正心（正其心，不讓心受到外來的——如忿怒、恐懼、憂傷、喜惡等——影響）。如此，才能完成修身。

註解與分析

①修身在正其心九句——

所謂要修身習德，必要心正，才能作出正確、公平的判斷。因為，一個人若身有忿怒、即忿懥，受到恐懼的威脅，有所喜好，有所憂患，都影響到心。

②心不在焉四句——

假如一個人的心（被別的事物所佔據了）而不在你所要注意的事物上時，你雖然看，卻沒看見，該聽卻沒聽見，吃東西，也不知食物的味道。這也就是我們常說的：心無二用。《論語．述而》篇載：子在齊聞韶，三月不知肉味。曰：「不圖為樂之至于斯也！」孔子聽了韶樂，心靈沉溺於音樂中，三個月，吃肉都不知道肉味。但說：「想不到音樂感人之深竟到達這種地步！」

所以說：修身在正其心。正其心，不讓心受到外來的——如恐懼、喜怒、好惡、憂傷——影響。如此，才能完成修身。

傳八　釋齊家在修其身

本文

所謂「齊其家在修其身」者，人之其所親愛而辟①焉，之其所賤惡而辟焉，之其所敬畏而辟焉，之其所哀矜而辟焉，之其所敖惰②而辟焉。故好而知其惡，惡而知其美者，天下鮮矣。③故諺有之曰：「人莫知其子之惡，莫知其苗之碩。」此謂身不修，不可以齊其家。

譯文

所謂要整齊其家，必須先修養個人的品德，理由是，一個人常有偏見。例如：一個人常因為他所親愛的人——如父母妻子——而偏向，因為他所看不起和厭惡的人而偏向，因為他所敬畏的人而偏向，因為他所哀憐的人而偏向，因為他所傲視怠慢的人而偏向。若是有人喜歡某人而能看出他的缺點，厭惡某人而能發覺他的優點，這種人天下少見！

所以古時諺語有說：「人都不知道自己兒子的缺點（因為人愛其子而心生偏袒），不知道自己的禾苗碩壯（因為他仍不滿意，心有偏祖）。」這就是所謂：一個人不能修養自己的品德，他是不能整齊他的家庭的。

註解與分析

① 辟、偏激、偏心。

② 傲惰——驕傲怠慢。

《論語．述而篇》中有一段故事：陳司敗問孔子：「魯昭公懂得禮嗎？」孔子說：「懂得。」之後，陳司敗對孔子的學生巫馬期說：「昭公娶同姓之女為妻，若說他懂得禮。哪還有誰不懂得禮呢？原來君子也不公正，偏袒自己人！」巫馬期告訴孔子。孔子知道自己不對，說：「我真很幸運。只要有些許過錯，馬上有人提醒。」

一個人，常因為他親愛的人——如父母妻子——而偏袒，因為他所看不起和厭誤的人而偏袒，因為他所哀憐的人而偏袒，因為他傲視怠慢的人而偏袒。

《論語》中又載，父親偷羊，兒子去告發，鄉人以為兒子很正直。孔夫子卻說：「父為子隱，子為父隱，直在其中矣。」孔夫子對於至親的互相袒護，似乎是予以容忍的。

③ 好而知其惡、惡而知其美者，天下鮮矣。

春秋時，衛靈公寵幸彌子瑕。依照衛國的法律，竊駕國君的車子是要受刖刑的，即是砍斷雙足。子瑕的母親得急病，她竟駕國君的車子去探母病。衛靈公不但沒有處罰他，而且誇讚子瑕說：「這真是一個大賢之人，為了母親的病，連削足之罪都顧不了。」有一天伺候衛君遊果園，彌子瑕摘了一個桃子吃，咬了一口，覺得很甜，竟把沒吃完的甜桃給衛君吃。衛君說：「這個人對我真是既忠又愛，因為桃子甜居然忘記是自己吃過的桃子給我吃！」彌子瑕色衰愛弛，有一次一點小故冒犯了衛君。衛君罵道：「這個傢伙便是曾竊駕我的車子、把吃剩的桃子給我吃的大混蛋。」因而把彌子瑕趕走了。

同是一個人，彌子瑕，衛靈公辟幸她時，不但沒看見她的惡，甚至把她的惡看成好，等到她色衰愛弛，衛靈公不喜歡她了，一切便都反過來了！所以，俗諺說：「一個人常不知道自己兒子的惡劣，不知道自己的禾苗之壯碩。」也是我們現在還聽到的：「兒子是自己的好。老婆是人家的好！」

《論語．子罕篇》中，孔子說：「其身正，不令而行。其身不正，雖令不從。」自身不修，何以齊其家？也就是我們常聽到俗諺所說的：「虎父無犬子。」「上樑不正底樑歪。」

傳九　釋治國在齊其家

本文

所謂「治國必先齊其家」者，其家不可教，而能教人者，無之。①故君子不出家，而成教於國。孝者，所以事君也。弟者。所以事長也；慈者，所以使衆也。②〈康誥〉曰：「如保赤子。」③心誠求之，雖不中，不遠矣。④未有學養子而后嫁者也。⑤

一家仁，一國興仁；一家讓，一國興讓；一人貪戾，一國作亂；其機如此。此謂一言僨事，一人定國。⑥

堯舜帥天下以仁，而民從之；桀紂帥天下以暴。而民從之。其所令，反其所好，而民不從。是故君子有諸己，而后求諸人；無諸己，而后非諸人。⑦所藏乎身不恕，而能喻諸人者，未之有也。⑧故治國在齊其家。

詩云：「桃之夭夭，其葉蓁蓁，之子于歸，宜其家人。」宜其家人，而后可以教國人。⑨

詩云：「宜兄宜弟」⑩宜兄宜弟，而后可以教國人。

詩云：「其儀不忒，正是四國。」⑪其為父子兄弟足法，而后民法之也。此謂治國在齊其家。

譯文

要治理邦國，必先整齊家庭。理由何在？若一個人不能整齊他的家，卻能治理他的國人，這是從來未有過的事。是故君子不離開家，就能顯示出治理邦國的能力。孝是服侍君王父母的原則，弟（悌）是服事長官的原則。慈是對待平民的原則。

《尚書．康誥》中說：「如同保護嬰兒。」誠心誠意的去作，雖不能說百分之百，但也差不多了。沒有先學教養孩子再去出嫁的。

（君主）一家實行仁愛，全國都會興起仁愛。（君主）一家實行謙讓，全國也會興起謙讓。（君主）一人暴戾，全國人都會犯上作亂。關聯便是這樣的。這就是所謂：一句話能壞事，一個人能定國

——安定國家。

堯、舜用仁統率天下，人民也就追隨他們推行仁愛。桀、紂以暴虐統率天下，人民也就表現出暴虐。要是他們的命令和暴虐相反，也就是說仁愛，人民都不會服從。所以，君子應該要先要求自己，再要求別人。先要禁止自己作某些不該作的事，然後才能禁止別人作。本身懷有不合恕道的行為，卻去教別人實行寬恕，那是從來不會發生的事。所以，要治理邦國，必得先去整齊家庭。

《詩經・桃夭》中說：「桃花嬌嫩而茂盛，這位小姐要出嫁了。一定會和夫家相處得宜。」使全家歡樂，才能治理好人民。

《詩經・蓼蕭》中說：「宜兄宜弟。」（周天子和諸侯都是親屬，所以說「宜兄宜弟」，意思是兄弟相宜，親愛快樂。）兄弟相得，才能治國。

《詩經・鳲鳩》中說：「威儀沒有差錯，成為四方的表率。」作為父子兄弟的都能成為模範，而後人民便會效法他們。所以說：要治理邦國，必先整齊家庭。

註解與分析

① 所謂治國四句——

家是國的最小單位。一個人連自己的家都治不了，何以能治國。是以君子要從家庭治理開始，由齊家而推廣到治國。

② 孝者六句——

從《論語》中，孔夫子說：「吾道一以貫之。」我們認識到：孝是一切美德的根，孝於父母，事君之本。既孝順父母，對於身體髮膚受之同一父母的弟弟，當然也予尊重。而子弟輩也同樣以孝衍化而來的悌（即弟），對待長輩、父母對兒女慈，君子也以慈，像父母對待兒女一樣，對待民眾。

③「如保赤子。」——

見《尚書．周書．康誥》篇。「如保赤子，惟民其康乂。」對待人民好像保護嬰孩。人民才會健康平安。

④雖不中，不遠矣——

果能愛民如子（嬰孩），雖說不能作到盡善盡美，但也差不多了。

⑤未有學養子而後嫁者也。——

沒有先學養孩子再去出嫁的。

⑥一家仁九句——

一家仁，應該是君主之家，那麼全國都會興起仁愛。（這就是所謂上行下效）一家提倡謙讓，一國都會流行謙讓。一人貪戾，下面的人民便也會群起作亂。關聯（機）便是這樣的。這就是所謂一言壞（僨）事。一人能安邦定國。

⑦ 堯、舜以仁統帥天下，人民也就追隨他推行仁愛。桀、紂以暴虐統帥天下，人民也就表現出暴虐。要是他們的命令和暴虐相反，也就是和暴虐相反的仁愛，老百姓都不服從。所以，君子應該先要求自己，再要求別人。先要禁止自己做（某些不該做的事。），然後才能禁止別人作。

⑧ 所藏乎身不恕，而能喻諸人者，未之有也——

自己不心懷寬恕，卻去教訓別人實行寬恕，那是不可然的事，所以說：治國在齊其家。

⑨ 桃之夭夭六句——

前四句見《詩經・國風・周南》〈桃夭〉篇。意思是說：桃花嬌嫩而茂盛（夭夭），它的葉子碩壯茂密（蓁蓁）。這位小姐（之子）要出嫁了（于歸），一定會和婆家相處得宜。和婆家相處得很好，然後可以教導國人。

⑩ 宜兄宜弟——

見《詩經・小雅・白華之什・蓼蕭篇》，這是天子宴諸侯的詩。蓼、音六，長大的樣子。蕭、蒿也。詩共四章。末章末兩句云：「宜兄宜弟，令德壽豈。」天子與諸侯多是兄弟關係。天子對諸侯說：「兄弟要各盡其宜，便能使這種高尚的品德傳遍全國，更能使大家長壽、和樂（豈、即愷）。」

我們現在舉一個最近的實例：蔣中正總統時代，有一天，外交部長出缺。行政院長擬了一份名單，呈給蔣公圈選。名單上，列了三個名字。第一名姓Y，第二名姓H。蔣公看了名單，順手遞給在一邊的蔣夫人，夫人先看了看，第一名，說：「底（這）個銀（人）勿來事，老婆都攪不清楚，怎麼可以當部長。」再看後面兩個名字，蔣公和夫人都不喜歡。最後，蔣公決定：「還是叫昌煥回來吧！」沈昌煥先生時在曼谷任駐泰大使。結果，調回國第二次任外交部長。家庭都不能齊，如何擔當閣員的治國重任？蔣公和夫人的看法是十分正確的。

⑪ 詩云：「其儀不忒，正是四國。」——見《詩經・曹風》〈鳲鳩〉。儀，威儀。忒，差錯。因為他的行為光明正大，所以他能端正四方的國家。

傳十　釋平天下在治其國

本文

所謂平天下在治其國者，上老老，而民興孝；上長長，而民興弟；上恤孤，而民不倍。是以君子有絜矩之道也。①

所惡於上，毋以使下；所惡於下，毋以事上；所惡於前，毋以先後；所惡於後，毋以從前；所惡於右，毋以交於左；所惡於左，毋以交於右：此之謂絜矩之道。②

詩云：「樂只君子，民之父母。③」民之所好好之，民之所惡惡之，此之謂民之父母。

詩云：「節彼南山，維石巖巖；赫赫師尹，民具爾瞻。④」有國者，不可以不慎，辟則為天下僇矣。⑤

詩云：「殷之未喪師，克配上帝；儀監于殷，峻命不易。⑥」道得眾，則得國；失眾，則失國。⑦是故君子先慎乎德：有德此有人，有人此有土，有土此有財，有財此有用，⑧德者，本也；財者，末也。外本內末，爭民施奪。⑨是故財聚則民散，財散則民聚。是故言悖而出者，亦悖而入；貨悖而入者，亦悖而出。⑩

〈康誥〉曰：「惟命不于常。」道善則得之，不善則失之矣。⑪

〈楚書〉曰：「楚國無以為寶，惟善以為寶。」⑫

舅犯曰：「亡人無以為寶，仁親以為寶。」⑬

〈秦誓〉曰：「若有一個臣，斷斷兮，無他技；其心休休焉，其如有容焉。人之有技，若己有之；人之彥聖，其心好之；不啻若自其口出，實能容之，以能保我子孫，黎民尚亦有利哉！人之有技，媢嫉以惡之；人之彥聖，而違之俾不通；實不能容，以不能保我子孫黎民，亦曰殆哉！」⑭唯仁人放流之，迸諸四夷，不與同中國。⑮

此謂「唯仁人為能愛人，能惡人。」⑯

見賢而不能舉，舉而不能先，命也；⑰見不善而不能退，退而不能遠，過也；[18]好人之所惡，惡人之所好，是謂拂人之性，菑必逮夫身。[19]是故君子有大道，必忠信以得之，驕泰以失之。[20]

生財有大道：生之者衆，食之者寡；為之者疾，用之者舒；則財恆足矣。[21]仁者以財發身，不仁者以身發財。[22]未有上好仁，而下不好義者也；未有好義，其事不終者也；[23]未有府庫財，非其財者也。[24]

孟獻子曰：「畜馬乘，不察於雞豚；伐冰之家，不畜牛羊；百乘之家，不畜聚斂之臣；與其有聚斂之臣，寧有盜臣。[25]」此謂國不以利為利，以義為利也。[26]長國家而務財用者，必自小人矣；[27]彼為善之，小人之使為國

家，菑害並至，雖有善者，亦無如之何矣。㉘此謂「國不以利為利，以義為利」也。㉙

譯文

為什麼說：「要平定天下，必先治理好邦國？」統治者尊敬老人，人民便會興起孝道。統治者若尊敬長輩，人民便會興起悌道。（即弟弟服事兄長的弟道。）統治者體恤無父孤兒，人民就不會背叛，所以君子要有領頭示範的作用。

討厭長官如何對你，你便不可以把你所討厭的長官的作法對待你的下屬。不喜歡你下屬對你的作法，你也不可以用同樣的作法對付你的長官。討厭從前人作錯的，不可以拿來對付後來者。討厭後人的作法，也不可以拿來對付以前的人。厭惡我右邊的人所辦的事，便不可用這樣的事和左邊的人往來。厭惡我左邊的人辦的事，也不可以用同樣的事和右邊的人交往。這就是示範的原則。

《詩經・小雅・南山有臺》中說：「快樂的國君，是人民的父母。」人民喜歡什麼，你也喜歡什麼。人民討厭什麼。你也討厭什麼。這便是所謂人民的父母。

《詩經・節南山》中說：「那個高峻的終南山呀，岩石危峻可怕。顯赫的太師尹氏，人民都注視您。」統治邦國的人不可以不謹慎。辦事若不公正，那就會被天下人所罷黜了。

《詩經・文王篇》中說：「殷室失去群眾時，文王之德可與天命相配合。要以殷朝為鑑。天之大命，實在不是輕易可取得的。」得到民心，才能得到國家。失去民心，便會失去國家。

是以君主首先要慎重修養品德。有德，才有人（擁護）。有人，才會有土地。有了土地，才會有財富。有了財富，才能供給國用。德是根本，財是枝末。將根本當作外，將枝末當作內，這是提倡與民爭利，互相劫奪。所以說：財富若聚集在統治者手中，人民便會散走。財富若分散在人民手中，人民就會歸坿。所以說：「財貨不依正理斂進來，也會違背正理散出去。」

《尚書‧康誥》中說：「天命是不會永久不變的。」行事合乎善道者才能得到天命。行事不合乎善道的便會失去善道。《楚書》中說：「楚國沒有什麼寶物，只把『善』當作寶物。」舅犯對重耳說：「逃亡之人無以為寶，只是把對親族的仁愛視為寶。」

〈秦誓〉中說：「但願有一個大臣，他忠誠實在，沒有別的技能。但他心地好，能容讓別人。別人有技能，如同自己有技能。別人有才又有德，他卻是誠心歡喜。不只是在口頭上表示，而是實際上能容讓。這種人，一定能保護我的子孫和人民，實在大大有利。若有人，看見別人有才能便嫉妒他，討厭他。別人若賢良明智，他就牽掣他，不讓他出頭。他不能寬容人。若是用這種人來保護我的子孫和人民，那可是非常危險的。只有仁德之人能把此等人流放遠處。驅逐到四夷居住的區域。不許他與賢人同住在中國。只有仁人能愛人，能厭惡人。見賢人而不予舉荐，舉荐了卻不能先予提拔，那是輕慢！見不善之人而不能予以斥退，斥退了卻不將他驅逐到遠方，這是放縱。喜好眾人所厭惡的，厭惡眾人所喜好的，這是違背人性，災禍一定會落到自己頭上。做國君的人自有一條正大光明的大道好走。他必定要忠信誠實，才能得到它。若是驕傲放恣，那便會失去它了。」

生財有大道裡。生產的人多，吃飯的人少，製造者的速度快，使用的人卻十分緩慢，那麼，財用經常是足夠的。仁人用財富去完成高尚的品德，不仁者捨身積聚財富。上面的長官若好仁，下面的人絕不會不講義。在下位的人好義，作事也絕不會有始無終。府庫裡有財富，沒有不是屬于君主的。

孟獻子說：「養了四匹馬拉車的人家（指初任大夫者）不著眼於養雞鴨（與民爭利）。辦喪事能用冰塊保存遺體的人家，不會養牛羊（與民爭利）。百乘之家（指有封地的人）不應雇用聚斂的家臣。以其有聚斂民財的家臣，毋寧有偷竊府庫的家臣。」這就是說，國不以利為利，以義為利。統治邦國的君主，一心一意經營財富，一定是出自小人的主張。國君以為小人是大好人，因之使用小人來治理國家，災害一定會降臨。雖有賢臣接手，也無法挽救了。這就是國不以利為利，而要以義的利的道理。

註解與分析

①平天下八句——

為什麼說：要平定天下，必先治理好邦國？統治者尊敬老人，人民便會興起孝道。統治者若尊敬長輩，人民便會興起悌道（即以弟事兄之道）。統治者體恤無父孤兒，人民就不會背叛（信）。是以君子要有領頭示範的作用。上老老：前一老為動詞，下一老為受詞。老老，以尊重老人之道對待老人。上長長，前一長為動詞，後一長為受詞，長輩。絜矩，絜、量度。矩，製作方形物件的工具。

③所惡于上十二句——

討厭長官如何對你，你便不可以把所討厭長官的作法對付你的下屬。不喜歡你下屬對你的作法，你也不可以用同樣的作法對付你的長官。討厭從前人作錯的，不可以拿來對付後來者。討厭以後人的作法，也不可以拿來對付以前的人……這就是提供榜樣之道。其實，這麼些囉嗦的話，絮絮叨叨。孔子八個字便全涵蓋了。那就是：己所勿欲，勿施於人。「己所勿欲，勿施於人」，說起來簡單，作起來可不易。《宋史》卷二百八十二王旦傳載：

王旦任首相之時，寇準是樞密院（有如今日的參謀本部）的長官。一天，中書府（即首相府）行了一個公文給樞密院，堂吏不小心，把大印蓋倒了。寇準看了，竟把這件公文親自呈給皇帝看，狠狠的告了王旦一狀。說他太過寬鬆，是以手下都不認真小心。皇帝當然不高興，把王旦叫去說了幾句。把有關堂吏都處以罰俸。

王旦回到中書，沒斥責任何人。只是叮囑同事要更加敬業，更加小心。

誰料數天之後，樞密院給中書府的一件公文犯了同樣的錯：大印蓋倒了。眾堂吏交相傳閱，議論紛紛。一致請求相爺也稟報皇上，讓寇準出醜，「自食惡果」！

王旦心平氣和的說：「當初寇大人向皇帝告我們的狀，你們喜歡嗎？」

「當然不喜歡。」

王旦又說：「那麼，你們認為他的這種做法是對的還是錯的？」

大家又異口同聲的說：「當然是錯的？」

王旦于是臉孔一沈，說道：「你們既然知道這種作法是錯的，為什麼居然要你家相爺去作錯事，你們是不是太大膽了？」

大家聽了王旦的話，都覺得不好意思，個個低下了頭。

于是王旦和顏悅色的對他們說：「禮記中說的好：『所惡于上，毋以使下。所惡于下，毋以使上。』也就是論語中孔子所說的：『己所勿欲，勿施于人。』這件事到此為止，不必再提。」

于是他把原公文封在封套裡，退還給寇準。

④樂只君子，民之父母——

《詩經・小雅・白華之什》〈南山有臺〉篇：只，是助詞。快樂的君子，是人民的父母。人民喜歡什麼，你也喜歡什麼。人民厭惡什麼，你也厭惡什麼。這就叫民之父母。

⑤節彼南山四句——

《詩經・祈父之什》〈節南山〉：節、高峻。巖巖、危峻可怖的樣子。師尹——太師尹氏。那個高峻的終南山，岩石危峻可怕。顯赫的太師尹氏，人民都注視您。

⑥有國者三句——

統治邦國的人不可以不謹慎。辦事若不公正（辟），那就被天下人所罷黜了。按僇、通戮。殺戮、罷黜的意思。

⑦殷之未喪師四句——

出《詩經・大雅・文王之什》〈文王〉。殷室未失去群衆（師）時，

（文王）之德是可與天命相配。要以殷朝為鑑，天之大命（駿命），實在不是輕易可取得的。

⑧道眾則得國，失眾則失國——

得到群眾便得到國。失掉群眾就失去國。

⑨君子先慎乎德五句——

是以國君必先謹慎修德、德行既修，才有人民相從。有了人民，才能保有土地。有了土地，便有了財富，才能供給用度。

⑩德者六句——

德行是立國的根本。財貨是立國的枝末。外本內末，也就是本末倒置，那就是與民爭利，實行劫奪了。

⑪是故財斂則民散六句——

所以說，（國君）斂財，民心就沒有了。財貨藏於民間，民意也就凝聚了。（國君）若不依正理而宣佈法令，人民就會不依正理予以回報。財貨不依正理斂進來，也會違背正理而散出去。悖、逆，違背正理。

⑪《康誥》曰：「惟命不于常。」道善則得之。不善則失之矣——

天命不是常在的，行事合乎善道者，得到天命。行事不合乎善道者，失去天命。

⑫《國語・楚語》中說：楚昭王派王孫圉出使秦國。晉國的趙簡子問起楚國的珍寶美玉——如和氏璧——

王孫圉說：「楚國不把美玉當珍寶，我們把善當作珍寶。」意思是以德為寶。

⑬舅犯曰：「亡人無以為寶，仁親以為寶。」——

晉文公的舅父狐偃，字子犯。晉獻公因驪姬讒言，迫太子申生自縊。公子重耳，逃亡在外國，其舅稱之為亡人，即流亡之人。此語出《禮記・檀弓》下。「亡人」，別本「作喪人」。當時，晉獻公死，秦穆公派人向公子重耳致唁。勸重耳：「時亦不可失也。」意思是要他回晉國取王位。重耳的舅因勸他不要聽秦國的意見，因為，「兒子不可因父喪而為利」。

⑭〈秦誓〉——斷斷兮，誠篤專一貌。守善貌。或謂斷斷即是誠。休休、寬容貌。有容，能容人。彥聖：彥、美彥、猶賢也。聖、明哲。彥聖，才德兼美之人。不啻——無異于。媢疾以惡之：妒嫉而討厭他。違之，俾不達：牽制他，使他不得伸展長才。〈秦誓〉出自秦穆公。穆公三十三年，公命孟明視和西乞術、白乙丙攻打鄭國。蹇叔諫止，穆公不聽。因為鄭國戒備森嚴，秦國的軍隊還沒到達鄭國，只是剿滅了滑，便回師。途經崤，秦師被晉襄公的軍隊打敗。秦穆公悔恨之餘，因作〈秦誓〉。我們且把這一段引文譯成白話：

假如有一個官員，誠實忠貞，他沒有其他技能，但他胸襟寬大，能容人。別人若有技能，就好像他自己具有能力。別人若聰明賢良，他也由衷地喜愛他。不但是像口中所說的那樣，而是真誠地能寬容他。（這種人）用來保護我的子孫民眾人，那實在是有利。別人若有才能，他就忌妬他，討厭他。別人若賢良明智，他就牽掣他，不讓他出頭。（這種人）實在不能寬容人。用這種人就不能保護我的子孫人民，那太危險了！（參閱屈萬里：《尚書今註今譯》。）

⑮ 唯仁人放流之三句——

唯獨有仁德的人會把前述壞人流放到遠處。屏退（迸）到野蠻人（四夷）所住的地方，不許他們（和賢德之人）同住在中國境內。

⑯ 唯仁人為能愛人二句——

《論語．里仁》，子曰：「唯仁者能好人，能惡人。」

⑰ 見賢而不能舉，舉而不能先，命也——發現了賢人而不予任用，任用又不予優先，這是輕慢的行為（鄭玄認為「命」當作「慢」。）

⑱ 見不善而不能退，退而不能遠，過也——

發現了不良的臣子不能把他辭退，辭退了又不將他驅逐到遠方，這是寬縱（過）。

⑲ 好人之所惡四句——

喜歡衆人所厭惡的，厭惡衆人所喜好的，這是違反（拂）人的本性。災難（菑）必降到他身上。

⑳ 是故君子三句——

所以君子之所以識得大道理，必定是以忠信得來的，若驕傲放縱，便會失去（驕泰——放縱、奢侈）。

㉑ 生財有大道六句——

生財有大道裡。生產的人多，吃飯的人少，製造的人速度快，使用的人卻慢條斯理，那麼，財富常常是足夠的。

㉒仁者以財發身，不仁者，以身發財——

仁愛的人，用財富去完善他的品德。不仁者，拼命去聚積財富。

㉓未有上好仁四句——

在上面的長官好仁，在下位的人卻不講究義，這是沒有的事。下位的人好義，作事卻有始無終，也是不會有的事。

㉔未有府庫財，非其財者也——

也就是說：府庫裏的財，都是君王的。

㉕孟獻子曰七句——

孟獻子說：「養了四匹馬拉車的人（指初任大夫者），不著眼於養雞養豬（不與民爭利）。伐冰之家（喪事能用冰保存遺體之家，指卿大夫），不畜養牛羊（也是不與民爭利），百乘之家（指有封地的人）。不應僱用聚斂民財的家臣。以其有聚斂民財的家臣，還不如有偷盜府庫的家臣！」

㉖ 此謂國不以利為利，以義為利也——

這就是所說：國家不以財富為利，而以仁義為利。

㉗ 長國家而務財用者，必自小人矣——

統治邦國的君主，一心一意經營財富，一定是出自小人的主意。

㉘ 彼為善之五句——

國君以為小人是大好人，因之使用小人來治理國家，災（菑）害一定會降臨。雖有仁德善人，也將無法挽救了。

㉙ 這就是所謂：治國不以利為利，而以義為利（的道理）。

主要參考書目

王夢鷗　禮記選注
司馬遷　史記
班固　漢書
范曄　後漢書
歐陽修　新唐書
脫脫　宋史
錢基博　四書解題及其讀法
毛奇齡　四書改錯
毛奇齡　大學證文

朱熹　大學章句
朱熹　近思錄
馬持盈　詩經今註今譯
屈萬里　尚書釋義
屈萬里　尚書今註今譯
劉瑛　論語的故事
陳澧　東塾讀書記
張伯行　朱子語類
列禦寇　列子
趙弘　高清愿咖啡時間

後記

每次坐捷運，經常看到一些中年人起身將座位讓給白髮老人或孕婦。實在令人佩服。但有時也看到：自淡水發車的列車，正當早晨七八點上學、上班的尖峰時刻，老弱專用的博愛座上，坐的都是身強體壯的上班族，或是十幾歲的學生。他們有的是閉上眼睛裝睡，惟恐有老人或是孕婦上車來，他們看見了，讓位？不情願。不讓位？多少有點不好意思。有的卻明目張膽的，端坐在博愛座上。即使有彎腰駝背的老者，或者大腹高聳的孕婦站在面前，他們來個視若無睹，不理不睬。前者還有一點羞恥心，後者則全無倫理觀念。

看到這種場面，筆者雖然已年踰八旬，心中還是憤憤不平。忍不住在心裡暗罵一聲：「差勁！」

現在的年輕人怎麼如此沒有愛心？難道他們的學校、他們的家庭都沒有灌輸他們一點倫常觀念？

還有一位在外交部工作的台大同學對筆者說：「你知道，我們國家的外交處境十分艱難。我在國外打拚，出錢出力，好不容易打開一點局面，結果，國內一位長官來訪，不但把我的功勞偷走了，還藉機偷國家的錢！」雖然那位「長官」已死去多年了，他提起「想當年」，依然咬牙切齒，恨恨不已。

再以今日的選舉來說，清白的，當然很多。但還是有一些無恥之徒，為了勝選，栽贓、抹黑、賄選，什麼下流勾當都使得出來。真是令人痛心！

筆者六歲在自家的私塾中啟蒙，先生是一位前清秀才。他不斷灌輸我們兄弟姊妹以孔孟思想。父母長輩也諄諄教導我們以孔門的仁愛觀念。年事漸長，粗識是非。踏入社會，仍是把我國的傳統儒家思想頂在頭上，寧折不彎。進入外交部工作，筆者便因這種臭脾氣，被一位長官打壓了十幾年。雖然，筆者卻從未氣餒，夜半醒來，捫心自問，筆者只感到心安理得，從不覺得後悔。若是時光倒流，從新來過，筆者仍會秉持師長教訓，絕不妥協！魏徵〈述懷〉說：「人生感意氣，功名誰復論？」

為了自己的理想，筆者自政務官退職後，決心要把四書予以整理，譯成白話，詳加註解，並引述歷史中故事，予以旁證，作為青年學子的健康讀物，提供他們一些親民愛物的理念。

數年前，筆者完成了《論語新探》一書。自忖現在正是功利掛帥的時代，聖賢語言，未必能為大眾所欣賞。因挾了三本書稿，找到秀威資訊科技公司，擬以自費出版。但秀威當局認為這種有益於社會風氣的書，他們不計利潤，願代為印行。

於是，《論語新探》在民國九十五年十二月面世。經再三修訂，於民國一百年八月以《論語的故事》為書名，再版出書。

繼《論語》之後，筆者再撰寫了本書。另外，《中庸》與《孟子》雖已撰寫完畢，但仍在精修細訂之中。在秀威出錢筆者出力的情況之下，不久亦將面世。若是這些書果然對社會風氣有一點點助益，那秀威出錢、筆者出力，便算是得到了最大的報酬。

「男兒重意氣，何用錢刀為？」這是卓文君的名句，筆者拿來作為撰寫本書的銘言。

民國一〇一年元月　劉瑛

寫於淡水尚海山房

新銳文學叢書　PA0050

新銳文創
INDEPENDENT & UNIQUE

大學的故事

作　　者	劉　瑛
責任編輯	蔡曉雯
圖文排版	邱瀞誼
封面設計	王嵩賀

出版策劃	新銳文創
發 行 人	宋政坤
法律顧問	毛國樑　律師
製作發行	秀威資訊科技股份有限公司 114 台北市內湖區瑞光路76巷65號1樓 電話：+886-2-2796-3638　傳真：+886-2-2796-1377 服務信箱：service@showwe.com.tw http://www.showwe.com.tw
郵政劃撥	19563868　戶名：秀威資訊科技股份有限公司
展售門市	國家書店【松江門市】 104 台北市中山區松江路209號1樓 電話：+886-2-2518-0207　傳真：+886-2-2518-0778
網路訂購	秀威網路書店：http://www.bodbooks.com.tw 國家網路書店：http://www.govbooks.com.tw

出版日期	2012年5月　初版
定　　價	180元

Printed in Taiwan

國家圖書館出版品預行編目

大學的故事 / 劉瑛著. -- 初版. -- 臺北市：新銳文創,
2012.05
面； 公分. --（新銳文學）
ISBN 978-986-6094-61-3（平裝）

1. 大學（經書） 2. 注釋

121.2512 101001314

讀者回函卡

感謝您購買本書，為提升服務品質，請填妥以下資料，將讀者回函卡直接寄回或傳真本公司，收到您的寶貴意見後，我們會收藏記錄及檢討，謝謝！

如您需要了解本公司最新出版書目、購書優惠或企劃活動，歡迎您上網查詢或下載相關資料：http:// www.showwe.com.tw

您購買的書名：________________________

出生日期：________年________月________日

學歷：□高中（含）以下　□大專　□研究所（含）以上

職業：□製造業　□金融業　□資訊業　□軍警　□傳播業　□自由業

　　　□服務業　□公務員　□教職　□學生　□家管　□其它_____

購書地點：□網路書店　□實體書店　□書展　□郵購　□贈閱　□其他

您從何得知本書的消息？

□網路書店　□實體書店　□網路搜尋　□電子報　□書訊　□雜誌

□傳播媒體　□親友推薦　□網站推薦　□部落格　□其他__________

您對本書的評價：（請填代號　1.非常滿意　2.滿意　3.尚可　4.再改進）

封面設計____　版面編排____　內容____　文／譯筆____　價格____

讀完書後您覺得：

□很有收穫　□有收穫　□收穫不多　□沒收穫

對我們的建議：________________________

____

____

____

請貼
郵票

11466
台北市內湖區瑞光路 76 巷 65 號 1 樓
秀威資訊科技股份有限公司 收
BOD 數位出版事業部

....

（請沿線對折寄回，謝謝！）

姓　　名：＿＿＿＿＿＿＿＿　年齡：＿＿＿＿　性別：□女　□男

郵遞區號：□□□□□

地　　址：＿＿＿＿＿＿＿＿＿＿＿＿＿＿＿＿＿＿

聯絡電話：(日)＿＿＿＿＿＿＿＿＿＿(夜)＿＿＿＿＿＿＿＿＿＿

E-mail：＿＿＿＿＿＿＿＿＿＿＿＿＿＿＿＿＿＿